CW01497126

Luna Shelley

Orgoglio LGBTQIA+

Dalla passione proibita alla celebrazione dell'amore.

Titolo: Orgoglio LGBTQIA+
Autore: Luna Shelley

Prima edizione: Ottobre 2023

Indice:

1

Amore nell'Ombra delle Piramidi.

Il segreto di Nefertiti: un amore al di là del trono.

Il sole egiziano splendeva implacabilmente su Tebe, la città delle mille porte. Ogni angolo, ogni edificio, rifletteva la grandezza dell'Egitto. Ma in mezzo a questa magnificenza, c'era un palazzo che si distingueva: la residenza della regina Nefertiti, la donna più bella del regno, moglie del faraone Akhenaton.

All'interno del palazzo, corridoi silenziosi e stanze ombrose erano i testimoni silenziosi di segreti inespressi. Una di queste stanze apparteneva a Amina, una giovane serva dai lineamenti fini e dai capelli neri come la pece. Da quando era entrata al servizio della regina, le loro vite erano divenute intrecciate in un legame profondo e indissolubile.

Un pomeriggio, mentre il sole iniziava a calare e il Nilo rifletteva sfumature dorate, Amina si trovava

nella camera privata della regina, ad aiutarla a ri-
muovere i gioielli indossati durante una cerimonia.
I loro sguardi si incrociarono attraverso lo spec-
chio. Una carica elettrica, un'energia impalpabile,
vibrava tra di loro.

Nefertiti parlò con una voce sommessa, "Amina,
ogni volta che ti avvicini a me, sento il mio cuore
battere più forte. Questo non è normale, non per
una regina e la sua serva."

Amina abbassò lo sguardo, cercando di nascondere
l'intensità dei suoi sentimenti. "Mia regina," rispose
con esitazione, "anche il mio cuore si agita quando
sono vicino a te. Ma sono solo una serva, e tu sei la
regina d'Egitto."

Nefertiti si avvicinò a Amina, i loro volti erano ora
a pochi centimetri di distanza. "In questa stanza,
non ci sono titoli o ranghi. Ci sono solo tu e io. E
questo sentimento che non riesco a spiegare."

Le loro labbra si sfiorarono in un bacio timido, ma
carico di passione. Un bacio che sigillava un segreto, un amore nascosto, ma vivo e ardente come
il sole egiziano.

I giorni passarono e la loro relazione crebbe in intensità. Salette nascoste del palazzo diventarono il loro rifugio, dove potevano essere sé stesse, lontane dagli occhi indiscreti. Ma in un regno dove ogni mossa era osservata, i segreti erano difficili da mantenere.

Una notte, Menna, il consigliere di fiducia del faraone, scoprì la verità. Ma, invece di esporle, decise di proteggere l'amore della regina, comprendendo che l'amore, in tutte le sue forme, era la forza più potente dell'universo.

Le stagioni si susseguirono e l'Egitto continuò a prosperare. La presenza di Amina accanto a Nefertiti divenne una costante. Alle cerimonie ufficiali, Amina era sempre qualche passo dietro la regina, i loro sguardi si incrociavano di tanto in tanto, scambiando promesse silenziose.

Tuttavia, le sfide non erano ancora finite. La crescente influenza di Amina suscitò gelosia e sospetto tra gli altri cortigiani. Voci iniziarono a circolare nei corridoi del palazzo, suggerendo che la giovane serva avesse usato magia per sedurre la regina. Alcuni chiedevano la sua esecuzione, temendo che la sua vicinanza a Nefertiti potesse minare la stabilità del regno.

Un giorno, un gruppo di sacerdoti si presentò al palazzo, esigendo di parlare con il faraone. Essi portarono "prove" della stregoneria di Amina e chiesero che fosse punita per proteggere l'Egitto dagli dèi adirati.

Akhenaton, pur amando profondamente sua moglie, era messo sotto pressione. Conosceva il potere dei sacerdoti e temeva una rivolta. Ma Nefertiti, con la sua indomita determinazione, si alzò in difesa della sua amata.

"Davanti a Ra, il dio del sole, e a tutti gli dèi dell'Egitto," dichiarò Nefertiti con fermezza, "giuro che Amina non ha usato alcuna magia su di me. L'amore che provo per lei è vero e puro. Se dovete punire qualcuno per questo amore, punitemi."

Menna, il fedele consigliere, intervenne, suggerendo un compromesso. Amina sarebbe stata esiliata per un periodo di tre anni, dopodiché avrebbe potuto tornare. Questo avrebbe placato la furia dei sacerdoti, pur permettendo a Nefertiti e Amina di sperare in un futuro insieme.

Il giorno dell'esilio di Amina fu uno dei più bui del regno. Nefertiti la accompagnò alle porte della città, e lì, sotto il cielo vasto e senza confini, si scambiarono una promessa. "Anche se mille miglia ci separano, il nostro amore sarà il ponte che ci unirà," sussurrò Nefertiti, stringendo la mano di Amina.

Durante l'assenza di Amina, Nefertiti divenne più risoluta che mai, introducendo riforme e consolidando il suo potere. Si diceva che ogni decisione fosse ispirata dal desiderio di creare un Egitto in cui l'amore, in tutte le sue forme, fosse celebrato, non condannato.

E, come promesso, dopo tre anni, Amina fece ritorno. L'Egitto che trovò era cambiato, ma il cuore della sua amata regina rimaneva lo stesso. Le due donne trascorsero il resto dei loro giorni insieme, governando l'Egitto con saggezza e compassione.

La danza del Nilo: due cuori e una melodia.

Mentre la storia d'amore tra Nefertiti e Amina rimaneva impressa nel cuore della corte, altre storie sussurravano tra le sabbie del tempo. Lontano dai lussuosi palazzi e dagli occhi curiosi, il Nilo, con le sue acque scintillanti, era testimone di innumerevoli amori e sogni.

Al crepuscolo, quando il cielo si tingeva di sfumature arancioni e rosa, le rive del Nilo si animavano di vita. I mercati erano colmi di voci e risate, i bambini giocavano, e le melodie delle lire fluttuavano nell'aria.

In mezzo a tutto ciò, c'era una danzatrice di nome Layla. Con i suoi movimenti fluidi e graziosi, sembrava quasi che avesse il potere di incantare il Nilo stesso. I suoi occhi, profondi come la notte, catturavano l'attenzione di chiunque la guardasse. Ma c'era una persona in particolare che era incantata da Layla come nessun altro: Samira, una musicista dal tocco magico sulla lira.

Ogni sera, Samira suonava mentre Layla danzava, e insieme creavano una magia che trascendeva le parole. Era come se il fiume stesso si fosse fermato per ascoltarle, rapito dalla loro melodia. La connessione tra le due donne era palpabile, e non passò molto tempo prima che si rendessero conto che il loro legame andava oltre la musica e la danza.

Un giorno, dopo un'esibizione particolarmente emozionante, Samira si avvicinò a Layla mentre questa si rifugiava all'ombra di una palma, le guance ancora rosse per l'esercizio. "Layla," iniziò Samira con voce incerta, "quando suono per te, sento qualcosa che non avevo mai sentito prima. È come se le nostre anime danzassero insieme."

Layla alzò lo sguardo, i suoi occhi brillavano di emozione. "Samira," rispose, "ogni volta che danzo sulle tue melodie, è come se fossi completa. Sento lo stesso."

Le due donne si avvicinarono, e in quel momento tutto il resto scomparve. Il Nilo, i mercati, la gente intorno a loro, tutto divenne un sfondo sfumato. Era solo loro, due cuori che battevano all'unisono.

Ma in un mondo dove le convenzioni e le tradizioni erano radicate profondamente, il loro amore non era destinato a essere facile. Le voci iniziarono a circolare, alcune ammiravano la loro passione, mentre altre le condannavano. Ma Layla e Samira erano determinate a proteggere il loro amore, costi quel che costi.

Ogni notte, sotto il manto stellato, le due donne si incontravano in segreto lungo le rive del Nilo. Lì, lontano da occhi indiscreti, potevano essere libere. Libere di amarsi, di ridere e di sognare.

Con il passare del tempo, la storia d'amore tra Layla e Samira divenne una leggenda tra la gente del Nilo. Anche se molte notti erano riempite di passione e desiderio, c'erano momenti in cui le difficoltà sembravano insormontabili. Le pressioni della società, le voci maldicenti, e le aspettative tradizionali pesavano su di loro come un macigno.

Una sera, un mercante di nome Ishaq, avendo sentito voci sulla loro relazione, decise di sfidarle pubblicamente durante una delle loro esibizioni. "Questo non è naturale," esclamò, "Questo è un affronto agli dèi!"

Il pubblico si divise. Molti difesero Layla e Samira, riconoscendo la purezza del loro amore, mentre altri, influenzati dalle parole di Ishaq, cominciarono a dubitare.

Samira, con gli occhi ardenti di passione, alzò la sua lira e iniziò a suonare una melodia così toccante e potente che tutti quelli presenti rimasero in silenzio, catturati dalla sua magia. Layla, con lacrime agli occhi, danzò come mai prima d'ora, ogni movimento raccontava la loro storia d'amore, sfida e resilienza.

La performance terminò con un lungo applauso, e persino Ishaq non poté fare a meno di ammettere la profondità e l'autenticità del loro legame.

Con il sostegno della comunità rafforzato da quell'evento, Layla e Samira divennero ancora più inscindibili. Aprirono una scuola lungo il Nilo, dove insegnarono a giovani danzatrici e musicisti l'arte della danza e della musica, ma soprattutto, l'importanza di seguire il proprio cuore, indipendentemente dalle sfide.

Le stagioni cambiarono, l'Egitto vide faraoni salire e scendere dal trono, ma la storia di Layla e Samira rimase immutata. Divenne una storia raccontata ai bambini, una canzone cantata dalle madri alle loro figlie, un esempio di amore vero e incondizionato.

Anni dopo, quando entrambe erano ormai anziane, sedevano spesso insieme sulle rive del Nilo, guardando il tramonto. I loro corpi erano segnati dal tempo, ma i loro cuori erano ancora quelli di due giovani innamorate.

"Guarda quanto siamo fortunate, Samira," sussurrò Layla una sera, "Abbiamo vissuto una vita piena, contro ogni avversità. E l'abbiamo fatto insieme."

Samira annuì, stringendo la mano di Layla. "E continueremo a farlo," rispose, "perché il nostro amore, come il Nilo, è eterno."

E così, sotto il cielo stellato dell'Egitto, due cuori continuarono a danzare, ora e per sempre, al ritmo eterno del Nilo.

2

Passioni tra le Rovine di Roma.

Il gladiatore e l'artista: un incontro nel Colosseo.

Le ombre lunghe dei pomeriggi romani si allungavano sul Colosseo, quel gigantesco anfiteatro dove le sorti degli uomini si decidevano tra il fragore degli applausi e l'odore del sangue versato. Era un luogo di estrema bellezza e crudeltà, dove la vita e la morte danzavano in un equilibrio precario.

Nel cuore del caos, Lucius, un gladiatore di straordinaria abilità e forza, combatteva con passione e determinazione. Con ogni vittoria, la sua fama cresceva, ma la sua anima rimaneva inquieta. Dietro quegli occhi accesi dal fuoco del combattimento, si celava un'anima sensibile, affamata di connessioni e amore.

Fuori dall'arena, nelle zone ombrose riservate agli artisti e ai curiosi, Alessandro, un giovane e talentuoso artista, era affascinato dalla grandezza del Colosseo e dai drammi umani che vi si svolgevano. Era solito ritrarre scene di combattimento, immortalando in segrete pennellate l'emozione e l'intensità dei momenti.

Un giorno, mentre Lucius stava combattendo, Alessandro fu particolarmente colpito dalla sua grazia e ferocia. Cominciò a disegnare freneticamente, cercando di catturare l'essenza di quel guerriero magnifico. Man mano che Lucius combatteva, Alessandro si ritrovò a tracciare non solo le forme e i movimenti del gladiatore, ma anche le emozioni che emanava.

Al termine del combattimento, con Lucius ancora una volta vincitore, Alessandro, mosso da un impulso irrefrenabile, si avvicinò all'arena. Voleva mostrare al gladiatore il ritratto che aveva creato.

Lucius, stanco e sudato, sollevò lo sguardo e incrociò quello dell'artista. I loro occhi si fissarono per un momento che sembrò durare un'eternità. Alessandro, con un gesto timido, mostrò il disegno a

Lucius. Il gladiatore rimase senza parole. Nessuno aveva mai catturato la sua anima in quel modo.

"Chi sei?" chiese Lucius, con voce profonda.

"Alessandro," rispose l'artista, "un umile pittore che ha tentato di catturare la tua essenza."

Da quel giorno, i due uomini iniziarono a passare del tempo insieme. Lucius condivideva storie dei suoi combattimenti, mentre Alessandro lo ritraeva in varie pose, cercando sempre di catturare l'uomo dietro il guerriero. E, nel silenzio di quei momenti condivisi, nacque un legame profondo tra loro.

Mentre il legame tra Lucius e Alessandro cresceva, così faceva la loro reputazione. La potente combinazione della forza del gladiatore e della sensibilità dell'artista non passò inosservata. Alessandro iniziò a ricevere commissioni da patrizi e nobili che volevano ritratti del celebre gladiatore, e con ogni nuovo quadro, la leggenda di Lucius si espandeva ancora di più.

Tuttavia, vivere a Roma comportava anche pericoli e sfide. Le voci sulla loro relazione si diffusero rapidamente, e non tutti vedevano di buon occhio il legame tra i due uomini. C'erano sussurri nelle ombre, occhiate di disapprovazione, e persino minacce velate.

Una notte, mentre Lucius e Alessandro passeggiavano vicino al Foro Romano, furono aggrediti da un gruppo di uomini. "Questo è ciò che accade quando osi sfidare gli dei!" urlò uno di loro, mentre lanciava un pugno verso Lucius.

Ma Lucius, con la sua abilità di gladiatore, riuscì a difendersi e proteggere Alessandro. Nonostante avessero evitato il peggio, l'incidente servì da monito: la loro relazione era in pericolo in una città dove le apparenze erano tutto.

Decisero quindi di trovare un rifugio lontano dai giudizi e dai pericoli di Roma. Alessandro aveva un amico che possedeva una villa in campagna, lontano dalla frenesia della città. Lì avrebbero potuto vivere in pace, lontani dalle voci e dalle minacce.

La villa si rivelò essere un paradiso terrestre. Circondata da vigneti e oliveti, con una vista mozzafiato sulle colline, era il luogo perfetto per Lucius e Alessandro. Passavano le giornate tra passeggiate nella natura, pittura, e ovviamente, amore. Era come se avessero trovato il loro angolo di paradiso, un luogo dove potevano essere autenticamente se stessi.

Con il tempo, la villa divenne un rifugio anche per altri come loro, persone in cerca di accettazione e amore. Diventò un luogo di incontro, di condivisione, e di celebrazione dell'amore in tutte le sue forme.

Le lettere perdute: amore proibito tra le strade di Pompei.

Pompei, con le sue strade affollate, le case decorate e i templi grandiosi, era una delle gemme dell'Impero Romano. Ma sotto il fasto e la prosperità, si nascondevano segreti che solo pochi conoscevano.

Livia, una giovane donna della nobiltà, passeggiava spesso per il mercato, ammirando le merci esotiche e ascoltando le storie dei mercanti. Ma non era l'abbondanza di beni che l'attirava, bensì le lettere che riceveva clandestinamente da una donna misteriosa.

Le lettere, scritte con inchiostro nero su sottili fogli di papiro, raccontavano storie di passione, desiderio e un amore che osava non dire il suo nome. Livia le leggeva e rileggeva, sentendo il calore delle parole avvolgerla come una coperta in una notte fredda.

La mittente era Valeria, una pittrice di talento che aveva catturato il cuore di Livia con i suoi ritratti vivaci e il suo spirito indomabile. Le due donne si erano incontrate per caso durante una festa in una villa lussuosa, e da quel momento, erano state inseparabili.

Ma vivere un amore come il loro non era semplice in una società conservatrice come quella di Pompei. Dovevano mantenere il loro legame segreto, comunicando attraverso lettere lasciate in luoghi concordati, lontane dagli occhi indiscreti.

Con ogni lettera, il loro amore cresceva. Parole dolci, promesse di incontri segreti, e sogni di un futuro insieme. Ma con l'amore veniva anche la paura. La paura di essere scoperte, di essere punite per il loro amore non convenzionale.

Una sera, durante un incontro segreto in un giardino nascosto, Livia e Valeria si scambiarono promesse eternamente. Decisero di fuggire da Pompei, di trovare un luogo dove il loro amore potesse fiorire lontano da giudizi e pregiudizi.

Stavano pianificando la loro fuga quando la tragedia colpì. Il Vesuvio, quel gigante dormiente che sovrastava la città, si svegliò in un'esplosione di fuoco e cenere. La città fu sepolta, insieme ai suoi abitanti e ai loro segreti.
Per secoli, le storie di Pompei rimasero nascoste sotto metri di cenere e lapilli, finché gli archeologi non iniziarono a scavare e a rivelare i tesori della città perduta.

Tra i reperti, in una casa vicino al Foro, fu trovata una cassettina di legno. Al suo interno, c'erano fogli di papiro, scritti con un inchiostro ormai sbiadito. Erano le lettere di Livia e Valeria, testimonianze di un amore che aveva sfidato il tempo e la tragedia.

Mentre le scoperte archeologiche a Pompei proseguivano, la storia di Livia e Valeria attirò l'attenzione di molti. La loro relazione divenne un simbolo dell'amore senza tempo, e presto, scrittori e poeti di tutto l'Impero iniziarono a raccontare la loro storia.

A Roma, un giovane poeta di nome Gaius fu particolarmente colpito dalle lettere. Decise di scrivere un'opera ispirata alla loro storia, un'ode alla loro passione e al coraggio di amare contro ogni ostacolo. L'opera fu accolta con entusiasmo, e la leggenda di Livia e Valeria divenne ancora più popolare.

Nel frattempo, a Pompei, il luogo del loro ultimo incontro divenne un punto di pellegrinaggio. Coppie provenienti da ogni parte dell'Impero venivano a rendere omaggio alle due donne, lasciando fiori e piccoli doni in segno di rispetto e ammirazione.

Ma non tutti vedevano di buon occhio questa celebrazione dell'amore proibito. Alcuni patrizi conservatori iniziarono a condannare la crescente popolarità delle storie LGBT, sostenendo che fossero contrarie alle tradizioni romane. Questa tensione culminò in una serie di dibattiti pubblici, durante i quali oratori di entrambe le parti discussero accaloratamente sull'amore, la morale e i valori della società romana.

La controversia fece sì che la storia di Livia e Valeria assumesse un significato ancora più grande. Divenne non solo una testimonianza dell'amore eterno, ma anche un simbolo della lotta per l'accettazione e l'uguaglianza. Molti vedevano in loro un esempio di coraggio e determinazione, un promemoria che l'amore può trionfare anche nelle circostanze più avverse.

Anni dopo, con la caduta dell'Impero Romano e l'avvento di nuove culture e ideologie, la storia di Livia e Valeria continuò a essere raccontata e celebrata. Divenne una leggenda, un mito che attraversò i secoli e ispirò generazioni di amanti, artisti e sognatori.

E così, mentre le rovine di Pompei testimoniano la grandezza e la caduta di una delle più grandi civiltà della storia, le lettere perdute di due donne innamorate ci ricordano che l'amore, in tutte le sue forme, è una forza indomabile, capace di resistere al tempo, alla tragedia e a ogni ostacolo che si frappone sul suo cammino.

3

Cavalieri e Castelli.

La dama e la giullare: un legame Inaspettato.

Il Medioevo, con i suoi castelli imponenti, le sue corti sontuose e le sue battaglie epiche, era anche un'epoca di misteri, segreti e passioni nascoste. Nel cuore di un regno lontano, in una maestosa fortezza, si svolgeva una storia d'amore che avrebbe sfidato le convenzioni dell'epoca.

Isabella, una nobile dama di grande bellezza e spirito indomito, viveva nel castello di suo padre, il conte Edmond. Era desiderata da molti cavalieri, e molti erano quelli che speravano di conquistare il suo cuore. Ma il cuore di Isabella batteva per qualcun altro, una persona che nessuno avrebbe mai sospettato.

Clara era una giullare. Con i suoi abiti colorati, la sua voce melodiosa e le sue capacità di intrattenere, aveva conquistato il cuore di molti alla corte. Ma oltre alla sua abilità nell'intrattenimento, Clara possedeva un'intelligenza e una sensibilità che la distinguevano dalla massa. E fu proprio questa combinazione unica di talento e spirito che attirò l'attenzione di Isabella.

La loro prima interazione avvenne durante una festa a corte. Clara stava esibendosi, cantando una ballata di amore e perdita, e i suoi occhi si incrociarono con quelli di Isabella. Fu un attimo, un battito di ciglia, ma entrambe sentirono una scintilla, un legame che non poteva essere ignorato.

Nei giorni e nelle settimane successive, iniziarono a cercare occasioni per passare del tempo insieme. Clara raccontava storie, suonava melodie e faceva ridere Isabella con le sue barzellette e i suoi scherzi. Isabella, a sua volta, condivideva con Clara i segreti del suo cuore, i suoi sogni e le sue aspirazioni.

Ma amare in segreto in un castello non era facile. Dovevano stare attente, nascondere i loro sentimenti, incontrarsi di nascosto. Ogni sguardo, ogni tocco, ogni momento passato insieme era prezioso e pericoloso allo stesso tempo.

Ma il destino aveva in serbo una prova ancora più grande per loro. Il conte Edmond aveva iniziato a organizzare un matrimonio per Isabella, con un nobile cavaliere di una terra vicina. Isabella era angosciata all'idea di un matrimonio senza amore, ma sapeva che rifiutare avrebbe potuto avere gravi conseguenze per lei e per Clara.

Una notte, le due amanti decisero di fuggire insieme. Con l'aiuto di alcuni alleati fidati, riuscirono a scappare dal castello e a iniziare una nuova vita in una terra lontana.

Lontane dalle restrizioni della corte e dalle aspettative della società, Isabella e Clara vissero felici e innamorate. Costruirono una casa in un villaggio tranquillo, dove Clara intratteneva gli abitanti con le sue esibizioni e Isabella usava la sua educazione e le sue capacità per aiutare la comunità.

Nel villaggio dove Isabella e Clara si erano stabiliti, la loro storia non era solo una leggenda, ma un faro di speranza. La loro unione, inizialmente vista con sospetto da alcuni abitanti più conservatori, divenne ben presto un esempio di amore puro e dedizione.

Con il passare degli anni, il loro legame divenne sempre più forte. Costruirono una piccola scuola dove Isabella insegnava ai bambini a leggere e scrivere, mentre Clara condivideva la sua passione per la musica e il teatro. Il loro contributo alla comunità divenne essenziale, e molte delle tradizioni e delle celebrazioni del villaggio furono influenzate dal loro amore e dalla loro creatività.

Un giorno, un viaggiatore arrivò in paese con notizie dal castello. Il conte Edmond era morto e, nel suo testamento, aveva espressamente chiesto di ricercare Isabella e restituirle la sua eredità. Sorprendentemente, la morte del conte aveva portato con sé una rivelazione: nel suo cuore, egli aveva compreso l'importanza dell'amore vero e voleva assicurarsi che sua figlia fosse felice.

Isabella e Clara erano divise su come procedere. Mentre una parte di loro desiderava ritornare e reclamare ciò che era di diritto di Isabella, l'idea di tornare in un luogo carico di ricordi dolorosi e di affrontare le sfide della nobiltà non era allettante.

Dopo lunghe discussioni, decisero di rimanere nel villaggio che era diventato la loro casa. Isabella utilizzò la sua eredità per migliorare ulteriormente la comunità, costruendo un ospedale e una biblioteca, mentre Clara fondò una scuola d'arte e musica.

Il loro amore, inaspettato e profondo, divenne un esempio per tutti. Anche quando la vecchiaia le raggiunse, il loro legame non vacillò. Si diceva che, anche nelle giornate più fredde, chiunque passasse vicino alla loro casa potesse udire il suono di una melodia e vedere due figure danzare alla luce del camino, come se il tempo non fosse mai passato.

La storia di Isabella e Clara, la dama e la giullare, divenne una delle più amate del regno. I trovatori cantavano le loro gesta, i poeti scrivevano versi in loro onore, e le famiglie raccontavano ai propri figli di un amore che aveva superato ogni ostacolo, dimostrando che il cuore sapeva sempre cosa era giusto, indipendentemente dalla classe sociale o dalle aspettative della società.

E così, in un'epoca di cavalieri e castelli, di sfide e battaglie, una storia d'amore nata tra i corridoi di un maestoso maniero divenne la leggenda di un amore immortale, un inno alla libertà dell'anima e alla forza indomabile del cuore.

Il cavaliere senza armatura: un amore al di là della battaglia.

Il sole stava lentamente scendendo all'orizzonte, tingendo il cielo di sfumature arancioni e rosate. Nel vasto campo, dove poche ore prima risonavano gli echi della battaglia, ora regnava un silenzio inquietante, interrotto solo dal lamento dei feriti.

In mezzo a quel caos, Sir Adrian, un cavaliere di grande statura e dai capelli corvini, cercava disperatamente tra le file dei caduti. La sua armatura, un tempo lucente, era ora segnata dalle ferite della battaglia. Ma ciò che lo tormentava non erano le proprie ferite, ma la paura di aver perso qualcuno di prezioso.

All'improvviso, i suoi occhi blu si posarono su una figura familiare. Era Tristan, il suo scudiero, un giovane di belle fattezze con occhi verdi e capelli biondo cenere, steso a terra e apparentemente senza vita. Senza pensarci due volte, Sir Adrian si precipitò verso di lui, sollevandolo delicatamente tra le braccia.

"Tristan," sussurrò Adrian, con la voce spezzata dall'emozione, "per favore, dimmi che sei ancora con me." I suoi occhi erano lucidi, e le sue labbra tremavano, mentre aspettava un segno di vita dal giovane.

Dopo alcuni momenti interminabili, Tristan aprì gli occhi, fissando Adrian con uno sguardo nebbioso. "Adrian," mormorò con voce fioca, "pensavo di non rivederti mai più."

In quel momento, le paure e le incertezze di Adrian svanirono. Non importava più la battaglia, il dovere o l'onore. Tutto ciò che contava era che Tristan fosse vivo. "Promettimi," sussurrò Adrian, "che non mi lascerai mai più. Non potrei sopportare di perderti."

Tristan, con uno sforzo, sollevò una mano per accarezzare il volto di Adrian. "Anche tu sei tutto per me," rispose, "e niente potrà mai separarci."

Nella società feudale dell'epoca, un amore come il loro era considerato proibito e pericoloso. Ma tra le battaglie e i duelli, tra le notti passate sotto le stelle e i pomeriggi trascorsi nell'addestramento, Adrian e Tristan avevano trovato qualcosa di speciale l'uno nell'altro. Un legame che andava oltre la semplice lealtà tra un cavaliere e il suo scudiero.

Nei giorni successivi, Sir Adrian e Tristan decisero di abbandonare la vita di guerrieri e cercare un luogo dove poter vivere il loro amore in pace. Si diressero verso il Nord, dove le montagne offrivano rifugio e le vallate erano ricche di bellezze naturali.

In quel luogo isolato, costruirono una piccola dimora, lontano dagli sguardi giudicanti della società. Circondati dalla natura e dalla bellezza dei paesaggi, Adrian e Tristan vissero giorni felici, coltivando la terra e creando una piccola comunità di persone che, come loro, cercavano un luogo dove poter essere liberi.

Con il passare degli anni, la loro dimora divenne un luogo di ritrovo per chiunque cercasse rifugio e accoglienza. Uomini e donne, giovani e anziani, provenienti da terre lontane, giungevano alla loro porta, attirati dalle storie del cavaliere e dello scudiero che avevano abbandonato tutto per l'amore.

Adrian e Tristan non avevano figli biologici, ma la loro famiglia era composta da coloro che avevano accolto. Insegnarono loro l'importanza dell'amore, della tolleranza e della comprensione. Le loro storie serali attorno al fuoco divennero eventi attesi, e ogni racconto era una testimonianza della forza del loro legame.

Un giorno, mentre Adrian e Tristan erano seduti sulla veranda, guardando il tramonto, un giovane uomo si avvicinò. Presentandosi come Cedric, raccontò di come, nel suo villaggio, fosse stato emarginato a causa del suo amore per un altro uomo.

Aveva sentito parlare della dimora del cavaliere e dello scudiero e sperava di trovare accoglienza.

Tristan, con un sorriso gentile, rispose: "Tutti sono i benvenuti qui, Cedric. Ogni storia d'amore merita di essere raccontata e celebrata. La nostra dimora è diventata un luogo di accoglienza per chi, come te, ha bisogno di un posto dove poter essere sé stesso."

Con il passare del tempo, la leggenda di Sir Adrian e Tristan si diffuse in ogni angolo del regno. La loro casa divenne un santuario, un luogo di speranza per tutti coloro che avevano conosciuto l'oppressione e il rifiuto. Anche se il mondo esterno poteva non comprendere o accettare il loro amore, sapevano di aver creato un luogo in cui ogni forma d'amore poteva fiorire.

Gli anni si trasformarono in decenni, e le stagioni continuarono a cambiare. La dimora che avevano costruito, una volta piccola e modesta, ora si ergeva come un monumento all'amore e all'accettazione. E mentre Adrian e Tristan invecchiavano, sapevano che il loro legame era destinato a resistere al di là del tempo.

E infatti, anche dopo la loro scomparsa, la storia del cavaliere senza armatura e del suo scudiero continuò a vivere. Cedric, e molti altri che erano venuti dopo di lui, si assicurarono che la dimora rimanesse un luogo di rifugio e che le storie d'amore di chiunque avesse bussato alla loro porta fossero raccontate e celebrate.

4

Balli e Duelli del Rinascimento.

Il ritratto rubato: passione nella Venezia del Cinquecento.

Venezia, con i suoi canali sinuosi e le sue calli strette, era un luogo di segreti e misteri. Durante il Cinquecento, mentre la Serenissima viveva il suo apice culturale e artistico, anche le passioni umane fiorivano nascoste tra i muri di palazzi antichi e chiese opulente.

Elisabetta era una giovane nobildonna veneziana, con occhi profondi color ambra e una chioma di capelli castani che scendevano come una cascata sulla sua schiena. Viveva in un palazzo affacciato sul Canal Grande, circondata da ogni lusso immaginabile. Eppure, il suo cuore anelava a qualcosa che non poteva avere.

Durante una delle sue passeggiate nel quartiere di San Marco, si fermò davanti alla bottega di un giovane pittore, Marco. Attratta dalle tele esposte, entrò per osservarle da vicino. Ma non fu l'arte che catturò il suo cuore, bensì gli occhi intensi del pittore che la fissavano con un misto di curiosità e ammirazione.

Intrigata da quel sguardo, Elisabetta commissionò un ritratto. Durante le sedute, tra pennellate e chiacchiere, nacque una connessione profonda tra la nobildonna e l'artista. Si scoprirono simili in molti modi: entrambi sentivano il peso delle aspettative della società e desideravano una vita diversa da quella che erano costretti a vivere.

Una sera, mentre Marco stava mettendo gli ultimi tocchi al ritratto, le loro mani si sfiorarono. In quell'istante, tutto sembrò fermarsi. Senza parole, i loro volti si avvicinarono, e le labbra si unirono in un bacio appassionato.

Sapevano che il loro amore era pericoloso. Elisabetta era promessa in sposa a un nobile influente, e Marco non aveva né titolo né ricchezza. Ma la passione tra loro era troppo forte per essere ignorata.

Una notte, mentre la luna illuminava i canali di Venezia, Elisabetta scivolò fuori dal palazzo con un piccolo fagotto. All'angolo di una calle, Marco la stava aspettando. Aveva una gondola pronta, e insieme, remando sotto i ponti e attraversando i canali silenziosi, fuggirono verso l'ignoto.

Tuttavia, la mattina seguente, la fuga degli amanti fu scoperta. Il ritratto di Elisabetta, ancora non completato, era stato rubato dalla bottega di Marco. Si diceva che il nobile promesso sposo di Elisabetta avesse pagato un ladro per rubare il dipinto, sperando di usarlo come prova dell'infedeltà della giovane donna e rompere il fidanzamento.

Ma Elisabetta e Marco erano già lontani, navigando verso terre lontane, lontano dalla Serenissima e dalle sue convenzioni. Avevano lasciato dietro di sé una città di bellezze e intrighi, ma avevano trovato qualcosa di ancora più prezioso: un amore vero e puro, capace di sfidare ogni ostacolo.

La leggenda del ritratto rubato e degli amanti in fuga divenne ben conosciuta tra le genti di Venezia. Le canzoni popolari ne parlavano, e i cantastorie raccontavano la storia nelle piazze, facendo sognare giovani e anziani. Ma come tutte le storie che diventano leggenda, con il tempo, i dettagli cambiavano, e la verità si perdeva tra mille voci.

In una di queste versioni, si diceva che il ritratto non era stato rubato ma nascosto in una chiesa abbandonata nelle vicinanze del quartiere ebraico del Ghetto. Secondo la leggenda, chi avesse ritrovato il dipinto avrebbe potuto vedere, riflessa negli occhi di Elisabetta, la direzione in cui gli amanti erano fuggiti.

Decenni dopo la scomparsa di Elisabetta e Marco, un giovane scrittore di nome Alessio, affascinato dalla leggenda, decise di cercare il ritratto. Armato di curiosità e determinazione, iniziò a esplorare ogni angolo di Venezia, parlando con anziani, visitando chiese abbandonate e cercando ogni indizio possibile.

Un giorno, mentre esplorava una chiesa ormai in rovina nei pressi del Ghetto, Alessio notò un'apertura nascosta dietro un altare decadente. Spostando alcuni detriti, rivelò un piccolo spazio segreto, al cui interno c'era un dipinto avvolto in un drappo polveroso. Con il cuore in gola, lo scoprì, rivelando il viso di una giovane donna con occhi profondi e capelli castani.

Era il ritratto di Elisabetta.

Alessio fu travolto dall'emozione. Il ritratto era ancora in ottime condizioni, e gli occhi di Elisabetta sembravano vivi, come se lo stessero guardando. Ma non vi era nessuna indicazione o mappa riflessa in essi. Forse era solo una parte della leggenda, o forse la verità era troppo sottile per essere vista.

Tuttavia, la scoperta del dipinto fece rinascere l'interesse per la storia degli amanti fuggitivi. Alessio scrisse un libro basato sulla sua ricerca e sulle molte versioni della leggenda, e ben presto, la storia di Elisabetta e Marco tornò a fiorire nelle menti e nei cuori di molti.

Anni dopo, in una serata nebbiosa, un anziano si presentò alla porta di Alessio. Si presentò come un discendente diretto di Marco e raccontò la vera storia di come lui ed Elisabetta avevano vissuto una vita semplice e amorevole in una terra lontana, dove avevano fondato una famiglia e trasmesso la loro storia di generazione in generazione.

Maschere e segreti: un ballo sotto le stelle di Firenze.

Firenze, la culla del Rinascimento, era una città di artisti, poeti e menti illuminate. Ma era anche una città di intrighi, passioni nascoste e segreti celati dietro splendide facciate. Una notte, tutta la città era in fermento per uno degli eventi più attesi dell'anno: il Gran Ballo delle Maschere, organizzato dalla famiglia Medici nel loro sfarzoso palazzo.

Era un'occasione per vedere e farsi vedere, per stringere accordi e intrattenere amicizie, ma soprattutto per perdersi nel gioco delle identità, dove dietro una maschera poteva nascondersi chiunque, e ogni sguardo, ogni gesto poteva nascondere un significato.

Lorenzo, un giovane poeta di modeste origini ma di grande talento, aveva ricevuto un invito inaspettato. Non aveva idea di chi avesse potuto invitarlo a un evento tanto esclusivo. L'invito era accompagnato da una maschera d'argento, finemente lavorata, con piume di pavone che ondeggiavano come onde sul mare.

All'arrivo, il palazzo era illuminato da mille luci, e l'atmosfera era elettrica. Musicisti suonavano melodie incantevoli, e gli ospiti danzavano in abiti sfarzosi. Ma Lorenzo era attratto da qualcosa o, meglio, da qualcuno.

Da lontano, notò una figura avvolta in un abito di velluto blu notte, con una maschera dorata che celava il viso ma non gli occhi. Quegli occhi, di un verde profondo, lo fissavano intensamente. Era come se lo stessero chiamando.

Attraversando la sala, Lorenzo si avvicinò a quella figura misteriosa. Senza parole, si ritrovarono a danzare insieme, muovendosi con una sintonia perfetta, come se si conoscessero da sempre. La musica li avvolgeva, e il mondo esterno sembrava scomparire.

Quando la musica si placò, la figura misteriosa prese la mano di Lorenzo e lo guidò in un giardino segreto, illuminato solo dalla luce delle stelle e da lanterne sospese. Lì, sotto un pergolato ricoperto di glicine, si tolse la maschera, rivelando il volto di Isabella, una giovane artista che Lorenzo aveva ammirato da lontano ma con cui non aveva mai avuto il coraggio di parlare.

"Ti ho invitato perché volevo conoscerti", sussurrò Isabella. "Le tue parole, le tue poesie... hanno toccato il mio cuore in un modo che non sapevo fosse possibile."

Lorenzo, sorpreso e lusingato, rispose: "E io ho sempre ammirato la tua arte, la tua capacità di catturare la bellezza in ogni pennellata. Ma non avrei mai immaginato..."

La notte si trasformò in un turbinio di confessioni, risate e sguardi intensi. Due anime artistiche, che si erano trovate in un ballo di maschere e segreti.

Ma come ogni notte ha la sua alba, anche quella magica notte doveva finire. Prima che il primo raggio di sole illuminasse Firenze, Lorenzo e Isabella si salutarono con una promessa: quella di incontrarsi di nuovo, senza maschere e senza segreti, per esplorare l'amore che era sbocciato sotto le stelle.

Il mattino seguente, Lorenzo si svegliò con una sensazione di leggerezza e di sognante eccitazione. La notte trascorsa con Isabella era stata come un sogno, eppure era più reale di qualsiasi altra cosa avesse mai vissuto. Mentre si vestiva, non riusciva a smettere di pensare ai momenti condivisi sotto quel pergolato, ai sussurri e alle risate.

Tuttavia, la realtà lo colse quando, mentre passeggiava per le strade di Firenze, sentì mormorii e sussurri sulla notte del ballo. La città era un focolaio di pettegolezzi, e la presenza di Lorenzo al ballo aveva sollevato molte sopracciglia, così come la sua danza con la misteriosa dama in blu. Non tutti approvavano e, in una società come quella, le apparenze erano tutto.

Isabella, pur essendo una talentuosa artista, non era estranea alle sfide della vita di corte. La sua famiglia, nonostante fosse benestante, non aveva la stessa influenza politica dei Medici o di altre grandi case fiorentine. La sua relazione con un poeta di umili origini come Lorenzo avrebbe potuto portare scandalo e compromettere la sua reputazione.

Eppure, il cuore ha le sue ragioni che la ragione non conosce. Le lettere iniziarono a scambiarsi tra Lorenzo e Isabella, cariche di passione, desiderio e un profondo rispetto reciproco. Ogni lettera era un piccolo tesoro, nascosto con cura dai curiosi.

Una sera, sotto il manto protettivo dell'oscurità, i due si ritrovarono nel giardino della casa di Isabella. Le parole non erano necessarie. Si abbracciarono stretti, lasciando che il calore dei loro corpi parlasse per loro. Ma sapevano che dovevano trovare una soluzione, un modo per stare insieme senza temere le lingue viperine di Firenze.

Dopo molte discussioni e riflessioni, decisero di lasciare Firenze insieme. Con l'aiuto di alcuni amici fidati, pianificarono una fuga. Si trasferirono in una piccola città sulla costa, lontano dagli occhi scrutatori e dalle voci maldicenti. Lì, tra i suoni del mare e la tranquillità della natura, costruirono una vita insieme, liberi di amarsi e di esprimere la loro arte senza restrizioni.

E mentre Firenze continuava con le sue politiche e i suoi intrighi, due cuori innamorati trovavano la pace in un angolo nascosto d'Italia, dove l'amore trionfava su ogni ostacolo.

5

Vapore e Velluto dell'Epoca Vittoriana.

Il treno per l'ignoto: un incontro fatale nella Londra industriale.

Londra, 1872. La rivoluzione industriale aveva trasformato la città in un colosso pulsante di vita, fumo e macchine. Le stazioni ferroviarie erano diventate le porte d'ingresso e di uscita dell'anima della città, con treni che andavano e venivano, portando con sé sogni, speranze e storie.

Una di queste storie iniziò in una fredda mattina di novembre, alla stazione di King's Cross. James, un giovane ingegnere appena arrivato dalla campagna, si trovava lì, attendendo il suo treno per il nord. Con i suoi occhi azzurri e una valigetta di cuoio stretta tra le mani, osservava la folla frenetica intorno a lui, sentendosi un po' fuori luogo.

Mentre guardava distrattamente i tabelloni degli orari, inciampò in qualcuno. Con un leggero urto, i loro occhi si incontrarono. Davanti a lui c'era Edward, un artista bohémien con capelli scuri e disordinati e un paio di occhiali dalla montatura sottile. I suoi occhi castani esprimevano un mix di sorpresa e divertimento.

"Mi scuso", balbettò James, raccogliendo i fogli caduti dalla sua valigetta.

Edward sorrise. "Nessun problema. A volte, gli incontri casuali sono i più significativi, non credi?"

James rispose con un sorriso timido. C'era qualcosa in Edward che lo attraeva, forse la sua disinvoltura o il suo sguardo penetrante. Decisero di prendere un caffè insieme, e quello che doveva essere un breve scambio si trasformò in ore di conversazione. Parlarono di arte, di ingegneria, dei loro sogni e delle loro paure.

Quando giunse l'ora per James di prendere il suo treno, si resero conto che non volevano separarsi. Edward, su un impulso, decise di accompagnarlo nel suo viaggio, portando con sé solo la sua valigetta e la sua chitarra.

Il viaggio in treno attraverso la campagna inglese offrì loro momenti di intimità inaspettata. Guardando fuori dalla finestra, condivisero storie del passato e progetti per il futuro. E mentre il paesaggio scorreva fuori, un legame profondo si formava dentro.

Arrivati a destinazione, decisero di rimanere insieme. James lavorava come ingegnere in una fabbrica locale, mentre Edward dava vita alla sua arte, dipingendo paesaggi e ritratti dei lavoratori. Nonostante le sfide di una società conservatrice, trovarono il loro rifugio l'uno nell'altro.

Man mano che passavano gli anni, James ed Edward costruirono una vita insieme, sostenendosi a vicenda nelle sfide che la vita industriale presentava. La casa in cui vivevano, una piccola casetta di mattoni ai margini della città, divenne un rifugio sicuro, un luogo in cui potevano essere se stessi senza paura di giudizi.

Edward, con il suo talento naturale, divenne una figura rispettata nella comunità artistica. Le sue opere, che spesso ritraevano la vita quotidiana dei lavoratori e i paesaggi mutevoli dell'Inghilterra industriale, erano esposte nelle gallerie più prestigiose di Londra. James, dal canto suo, si fece strada nel campo dell'ingegneria, diventando responsabile di alcuni dei progetti ferroviari più innovativi dell'epoca.

Eppure, nonostante il successo e la notorietà, la loro relazione rimase un segreto ben custodito. In una società che non era ancora pronta ad accettare relazioni come la loro, James ed Edward dovevano navigare con attenzione, evitando pettegolezzi e sguardi indiscreti. Ma, come diceva spesso Edward, "l'amore trova sempre un modo".

E in effetti, il loro amore non conosceva ostacoli. Attraverso le lettere scambiate mentre James era in viaggio per lavoro, o le serate trascorse davanti al caminetto, raccontandosi storie e sognando il futuro, il loro legame divenne sempre più forte.

Poi, un giorno, una lettera anonima arrivò nella loro casella postale. Una lettera che minacciava di rivelare il loro segreto al mondo, se non avessero pagato una somma considerevole. In quel momento, si resero conto che il loro amore era in pericolo.

Dopo lunghe discussioni, decisero di affrontare la minaccia insieme. Invece di cedere al ricatto, si confidarono con alcuni amici di fiducia, che promisero di sostenerli. E, con il passare del tempo, la minaccia si dissolse, mentre la comunità intorno a loro mostrava un sostegno inaspettato.

La storia di James ed Edward divenne, in molti modi, simbolica dell'evoluzione della società dell'epoca. Un amore che aveva avuto inizio in una stazione affollata, in una città in rapido cambiamento, aveva dimostrato che l'amore è, in fin dei conti, l'unica cosa che conta davvero.

E mentre Londra continuava a crescere e a cambiare, due cuori innamorati trovavano la loro pace in una casetta ai margini della città, dove il tempo sembrava fermarsi e l'amore trionfava su ogni avversità.

Lettere sotto la pioggia: un amore nascosto tra le strade di Parigi.

Parigi, 1898. La città dell'amore era al suo apice, con le sue strade piene di artisti, intellettuali e sognatori. I caffè erano luoghi di ritrovo, e la Senna scorreva placida tra i ponti illuminati a gas. Tuttavia, sotto la superficie luccicante, c'erano segreti nascosti in ogni angolo e vicolo.

Amélie, una giovane donna con capelli corvini e occhi color lavanda, lavorava in una piccola libreria nel Quartiere Latino. Ogni giorno, mentre sistemava i libri e serviva i clienti, sognava di viaggi e avventure. Ma c'era un segreto che custodiva gelosamente: le lettere.

Ogni settimana, una lettera anonima arrivava per lei. Non c'era mai un mittente, solo parole appassionate scritte con inchiostro blu su carta color crema. Le lettere parlavano di amore, desiderio e speranza. E anche se non sapeva chi fosse l'autore, sentiva una connessione profonda con quelle parole.

Intanto, a pochi isolati di distanza, Claire, una pittrice con la passione per i paesaggi urbani, attendeva con ansia ogni giovedì. Era il giorno in cui inviava la sua lettera ad Amélie, la donna che aveva incontrato una sola volta, ma che non aveva mai dimenticato. Claire era stata testimone di un momento di vulnerabilità di Amélie, quando aveva pianto sotto la pioggia, e da quel giorno aveva iniziato a scriverle, temendo di rivelare la propria identità.

Ma il destino ha modi misteriosi di unire due cuori. Un giorno, mentre Amélie camminava lungo la Senna, vide una donna che dipingeva il paesaggio. Riconobbe immediatamente il tocco e lo stile del quadro: erano identici a quelli descritti nelle lettere. Con il cuore che batteva forte, si avvicinò.

"Claire?", chiese timidamente.

Claire alzò gli occhi, sorpresa, e i loro sguardi si incrociarono. In quel momento, tutto sembrò fermarsi.

Dopo quel fatidico incontro, iniziarono a vedersi regolarmente. Passeggiavano lungo la Senna, visitavano musei e si perdevano nei caffè del Quartiere Latino. La loro relazione, iniziata con lettere scritte sotto pseudonimi, divenne reale e tangibile.

Ma come ogni storia d'amore in un'epoca conservatrice, dovevano affrontare sfide e pregiudizi. Rumors e pettegolezzi circolavano, e le loro famiglie non approvavano la loro unione. Ma Amélie e Claire erano determinate a rimanere insieme, nonostante tutto.

E così, una notte, sotto un cielo stellato, decisero di fuggire. Lasciarono Parigi alle loro spalle, in cerca di un luogo dove il loro amore potesse fiorire senza ostacoli. E mentre il treno li portava lontano dalla città delle luci, tenevano strette le loro mani, sapendo che insieme avrebbero affrontato qualsiasi sfida.

Il viaggio fu lungo e pieno di imprevisti. Ma ogni sfida che incontravano rafforzava il loro legame. Si ritrovarono in piccole città costiere, tra le vigne della Provenza e tra le montagne dei Pirenei. Ogni luogo era un nuovo inizio, una nuova opportunità per creare ricordi insieme.

In un piccolo villaggio chiamato Aix, si stabilirono in una casetta di pietra circondata da campi di lavanda. Era un luogo tranquillo, lontano dal trambusto delle grandi città, dove potevano vivere in pace e libertà. Qui, Claire riscoprì la sua passione per la pittura, mentre Amélie aprì una piccola libreria, che divenne presto il punto di ritrovo del villaggio.

Con il tempo, la loro storia divenne leggenda tra gli abitanti di Aix. Venivano viste come un simbolo di coraggio e determinazione, due donne che avevano sfidato le convenzioni per vivere il loro amore. E, in molti modi, la loro presenza trasformò il villaggio, portando con sé un senso di apertura e accettazione.

Ma non tutto fu semplice. C'erano momenti in cui la nostalgia per Parigi, per la loro vecchia vita, diventava insopportabile. Momenti in cui si chiedevano se avevano fatto la scelta giusta. Ma ogni volta che uno di questi momenti oscurava il loro cielo, si ricordavano del motivo per cui erano fuggite, e dell'amore che le univa.

E così, gli anni passarono. Claire e Amélie invecchiarono insieme, circondate dall'affetto della comunità che avevano aiutato a costruire. E mentre la loro pelle mostrava i segni del tempo, il loro amore rimaneva eterno, inalterato.

Alla fine, quando venne il momento di dire addio, furono sepolte una accanto all'altra, in un piccolo cimitero affacciato sui campi di lavanda. E sulla loro tomba, una semplice iscrizione: "Due cuori, un amore, per sempre".

Il loro legame, e la storia del loro amore, divenne una fonte d'ispirazione per generazioni future. Un promemoria che l'amore può superare ogni ostacolo, e che la libertà di amare è uno dei diritti più preziosi dell'essere umano.

E anche se le strade di Parigi erano lontane, l'eco delle loro risate, delle loro parole e delle loro promesse risuonava ancora tra le vie della città, un sussurro eterno nel vento, un ricordo indelebile di due anime destinate a trovarsi.

6

Luci e Ombre del XX secolo.

Jazz e libertà: amori proibiti nella New York degli anni '20.

New York, 1925. Gli edifici in acciaio e vetro toccavano il cielo come mai prima d'ora. Le luci di Times Square brillavano più luminose, e l'energia della Grande Mela era palpabile ad ogni angolo. Era l'epoca del jazz, delle flapper e delle feste sfrenate, un periodo di euforia post-bellica e di rinnovato ottimismo.

In una piccola strada laterale di Harlem, il Cotton Club era il luogo dove tutto accadeva. La musica jazz risuonava ogni notte, e le persone di ogni estrazione sociale si riunivano per ballare, bere e dimenticare le preoccupazioni del mondo esterno.

Era in questo ambiente elettrizzante che Lena e Josephine si incontrarono per la prima volta. Lena era una talentuosa cantante jazz con una voce che poteva fare piangere e ridere allo stesso tempo. Josephine, invece, era una ballerina dal ritmo innato, con movimenti fluidi e sensuali che catturavano l'attenzione di tutti.

La prima volta che Lena vide Josephine ballare sul palco, fu come se il mondo si fosse fermato. C'era qualcosa nella sua grazia, nella sua passione, che la colpì dritto al cuore. E quando le loro mani si toccarono per la prima volta, fu come una scarica elettrica.

Ma vivere un amore omosessuale negli anni '20 non era semplice. La società era piena di pregiudizi, e molte persone vedevano l'amore tra persone dello stesso sesso come qualcosa di immorale o malato. Ma per Lena e Josephine, il loro amore era puro e vero, e non avevano intenzione di nasconderlo.

Cominciarono a frequentarsi in segreto, rubando momenti insieme tra una performance e l'altra. Le notti trascorse insieme erano piene di risate, musica e amore, lontano dagli occhi indiscreti del mondo esterno.

Ma la fama di Lena come cantante cresceva, e presto divenne una delle voci più amate di New York. Questo attirò l'attenzione dei media, che cominciarono a speculare sulla sua vita privata. Rumors e pettegolezzi circolavano, mettendo a rischio non solo la sua carriera, ma anche il suo amore con Josephine.

Una sera, dopo una performance al Cotton Club, un giornalista si avvicinò a Lena e le chiese direttamente della sua relazione con Josephine. Lei, senza esitare, rispose con sincerità e coraggio: "L'amore non conosce genere o colore. Josephine è la mia anima gemella, e niente e nessuno potrà mai cambiare questo."

Le notizie della loro relazione si diffusero come un incendio. Non tutti erano d'accordo o li sostenevano, ma molte persone cominciarono a vedere in loro un esempio di autentica passione e dedizione. E, in un mondo in cui l'amore era spesso visto come una merce da barattare, la loro sincerità e lealtà erano una boccata d'aria fresca.

Il Cotton Club divenne un rifugio per molti giovani omosessuali in cerca di accettazione e comprensione. Josephine e Lena usarono la loro influenza e notorietà per creare un ambiente in cui le persone potessero essere se stesse senza paura di giudizio o discriminazione. Organizzarono serate tematiche, eventi e raccolte fondi per supportare la nascente comunità LGBT di New York.

Tuttavia, come ogni storia d'amore, anche la loro ebbe i suoi momenti di crisi. La pressione dei media, gli impegni lavorativi e le aspettative della società pesavano su di loro. Ci furono momenti in cui sembrava che tutto potesse crollare. Ma in quei momenti, trovavano conforto l'una nelle braccia dell'altra, ricordando perché avevano deciso di lottare per il loro amore in primo luogo.

Gli anni '20 si conclusero con il crollo della borsa e l'inizio della Grande Depressione. Il Cotton Club fu costretto a chiudere, e la città che non dormiva mai si ritrovò avvolta in un velo di tristezza e incertezza. Ma attraverso tutte le tempeste, Lena e Josephine rimasero insieme, il loro amore divenne la loro ancora di salvezza.

Invecchiarono insieme, testimoni di un mondo in costante cambiamento. E mentre la società diventava più accogliente e comprensiva, loro rimanevano un esempio vivente del potere dell'amore vero e incondizionato.

La spiaggia segreta: passioni tra le onde negli anni '60.

California, 1967. L'aria era carica di cambiamenti. Era l'era dell'amore libero, dei diritti civili, della psichedelia e della controcultura. La musica dei Beatles, dei Rolling Stones e di Jimi Hendrix risuonava dalle radio, mentre giovani con fiori nei capelli ballavano nelle strade. Ma per quanto l'atmosfera sembrasse liberatoria, l'amore omosessuale era ancora visto con sospetto e, in molti posti, era illegale.

Rose e Emily erano due giovani donne in cerca di se stesse in questo mondo in tumulto. Si erano incontrate in un piccolo caffè di San Francisco, e c'era stata una connessione immediata. Entrambe erano attratte dal mistero dell'altra: Rose con il suo spirito ribelle e la sua passione per l'arte, Emily con la sua timidezza e il suo amore per la letteratura.

Dopo mesi di amicizia, le due giovani donne scoprirono una piccola spiaggia appartata lungo la costa della California. Era un luogo magico, nascosto tra le scogliere e lontano dagli sguardi del mondo esterno. La spiaggia diventò il loro rifugio segreto, un luogo dove potevano essere se stesse, lontane dai giudizi e dalle aspettative della società.

I loro pomeriggi erano spesi tra risate, bagni nelle acque cristalline e lunghe passeggiate sulla sabbia. Ma più trascorrevano tempo insieme, più si rendevano conto che quello che provavano l'una per l'altra non era solo amicizia. Era qualcosa di più profondo, di più intenso. Era amore.

Una sera, mentre guardavano il tramonto, Emily prese la mano di Rose e la guardò negli occhi. Senza parole, sapevano entrambe cosa provassero. Si avvicinarono lentamente e condivisero il loro primo bacio, un bacio che avrebbe cambiato le loro vite per sempre.

Ma vivere un amore lesbico negli anni '60 non era senza sfide. La società era ancora molto conservatrice, e molte persone non potevano accettare che due donne potessero amarsi in quel modo. Rose e Emily erano costrette a nascondere la loro relazione, temendo le reazioni delle loro famiglie e amici.

Tuttavia, nonostante le difficoltà, non si lasciarono abbattere. Trovarono forza l'una nell'altra e continuarono a frequentare la loro spiaggia segreta, il loro angolo di paradiso. Era il loro luogo sacro, dove potevano essere libere e amarsi senza paura.

Col passare degli anni, le due donne si impegnarono nella lotta per i diritti LGBT. Parteciparono a marce, proteste e eventi, usando la loro storia d'amore come esempio della bellezza e della validità dell'amore omosessuale.

Anche se Rose ed Emily sapevano che la loro relazione avrebbe potuto metterle in pericolo, il loro amore era troppo forte per essere nascosto. Tuttavia, furono costrette a fare delle scelte difficili per proteggersi. Emily decise di trasferirsi a New York per seguire la sua passione per la scrittura, mentre Rose rimase in California per continuare i suoi studi d'arte.

La lontananza fu dura per entrambe. Si scambiavano lettere ogni settimana, descrivendo la loro vita, i loro sogni e le loro speranze. Ma anche nei momenti più difficili, sapevano che il loro amore le avrebbe riportate insieme.

Dopo alcuni anni, Emily pubblicò il suo primo libro, ispirato alla sua storia d'amore con Rose. Il libro, intitolato "Onde Segrete", divenne un bestseller e attirò l'attenzione della comunità LGBT. Molti lettori si riconobbero nelle parole di Emily e nella sua lotta per l'accettazione e l'amore.

Grazie al successo del libro, Emily riuscì a trasferirsi di nuovo in California e le due donne finalmente poterono vivere la loro storia d'amore al completo, lontane dalla loro spiaggia segreta, ma sempre insieme.

Con il passare del tempo, la società divenne più accogliente e comprensiva nei confronti delle relazioni omosessuali. La legalizzazione del matrimonio omosessuale negli Stati Uniti nel 2015 fu una vittoria significativa per la comunità LGBT, e Rose ed Emily furono tra le prime coppie a sposarsi.

La loro storia d'amore, che aveva iniziato in un piccolo angolo nascosto della California, aveva resistito alle sfide del tempo e aveva ispirato migliaia di persone a combattere per i loro diritti e per l'amore.

Gli anni passarono, e mentre le due donne invecchiavano, il loro amore rimase forte come sempre. Sedute sulla loro amata spiaggia, con i capelli grigiati dal tempo, tenevano le mani strette e guardavano il tramonto, sapendo che la loro storia sarebbe rimasta impressa per sempre nei cuori di coloro che avevano ispirato.

E così, mentre le onde si infrangevano sulla riva e il sole scompariva all'orizzonte, Rose ed Emily si stringevano l'una all'altra, grati per ogni momento vissuto insieme e per l'amore che avevano condiviso, un amore che aveva resistito alle tempeste e brillava luminoso come sempre.

7

Conclusione.

L'arcobaleno del cuore: l'eterno fascino delle storie d'amore.

Nell'arco dei secoli, le storie d'amore hanno attraversato le pagine della storia, regalandoci momenti di pura emozione, di coraggio e di resistenza. Queste storie, provenienti da diverse epoche e culture, sono testimonianze universali dell'incredibile potere dell'amore e della sua capacità di sfidare le convenzioni, i pregiudizi e persino il tempo stesso.

Le storie raccontate in questo libro, sebbene frutto di fantasia, sono ispirate alla reale lotta di innumerevoli individui che hanno cercato di vivere e amare liberamente, nonostante gli ostacoli posti dalla società in cui vivevano. Dalla passione segreta di Nefertiti alle avventure proibite a Venezia, da Parigi sotto la pioggia alla New York degli anni '20, questi racconti ci portano in un viaggio attraverso il tempo, mostrandoci che l'amore non ha confini né limiti.

L'arcobaleno, con la sua vasta gamma di colori, è un simbolo perfetto per rappresentare la diversità dell'amore umano. Ogni colore rappresenta un'emozione, una storia, un momento. E proprio come l'arcobaleno si estende attraverso il cielo dopo la tempesta, così l'amore risplende più luminosamente dopo aver affrontato le sfide.

In un mondo in cui la diversità viene spesso messa in discussione o respinta, è essenziale ricordare che l'amore non conosce genere, razza o religione. L'amore è universale, e le sue storie meritano di essere raccontate e celebrate.

Mentre chiudiamo le pagine di questo libro, speriamo che questi racconti vi abbiano toccato il cuore, vi abbiano fatto riflettere e, soprattutto, vi abbiano ricordato l'importanza dell'amore e della sua incredibile forza. Che queste storie possano servire da ispirazione, da conforto e da promemoria che, non importa quanto possa sembrare difficile, l'amore troverà sempre la sua strada.

E come l'arcobaleno che brilla nel cielo dopo la tempesta, che queste storie d'amore possano illuminare le vostre giornate, riempiendovi di speranza e di gioia.